Bataille de Morhange

(Août 1914)

—

NOTICE

communiquée gracieusement à M. le Maire de Morhange,
par le Général commandant le 20ᵉ Corps d'Armée

PRIX : 2 FRANCS

AUX SOLDATS FRANÇAIS
TOMBÉS GLORIEUSEMENT A LA BATAILLE DE MORHANGE
LES 19 ET 20 AOUT 1914

Bataille de Morhange

(Août 1914)

—

NOTICE

communiquée gracieusement à M. le Maire de Morhange,
par le Général commandant le 20ᵉ Corps d'Armée

———

Bataille de Morhange.

Août 1914.

A la guerre, chaque partie du front des armées
étant solidaire de l'ensemble, il paraît nécessaire,
pour éclairer l'exposé ci-après de la bataille de
Morhange, d'indiquer sommairement la composition
et la mission générale des armées de l'Est et d'Alsace.

A la mobilisation, les 1re et 2e armées formaient,
avec l'armée d'Alsace, un groupement nettement sé-
paré du reste de l'armée française, et dont le but
était de retenir une partie notable des forces ennemies loin du théâtre des opérations, en fixant devant
elles les corps d'armée allemands engagés au sud de
Metz.

Le front de Lorraine et d'Alsace est, dans la pensée
du haut commandement français, un front de manœuvre. C'est lui qui doit agir le premier, non seulement pour assurer l'exécution de missions d'ordre
purement militaire, mais surtout d'ordre moral. En
se portant en avant, il donne à l'armée et à la nation
tout entière le réconfort de rendre à la France les
régions annexées.

Dès le 6 août, les armées intéressées sont préve-
nues du rôle qui leur incombe.

Le 12 août, la concentration des troupes est en
partie terminée. Ces troupes constituent deux armées.

La **1re armée** (général Dubail) comprend :

le 14e corps (général Pouradier du Theil) ;

le 21e corps (général Legrand) ;

le 13e corps (général Alix) ;

le 8e corps (général Costelli).

Elle est en liaison, à droite, avec l'armée d'Alsace (général Pau), qui ne comprend que le 7e corps, une division de cavalerie et quelques autres unités de faible importance.

La **2e armée** (général de Castelnau), placée à gauche de la première, comprend :

le 16e corps (général Taverna) ;

le 15e corps (général Espinasse) ;

le 20e corps (général Foch) ;

le 9e corps (général Dubois).

(Le 9e corps sera relevé le 18 août, avant la bataille, et remplacé par la 68e division de réserve, appartenant au 2e groupe de divisions de réserve, général Durand.)

Elle est en liaison, à gauche, avec la 3e armée (général Ruffey), opérant en Woëvre et dans la région de Briey-Longwy.

Ces deux armées françaises ont en face d'elles deux armées allemandes et la garnison du camp retranché de Metz :

VIe armée allemande (Kronprinz de Bavière) ;

IIIe corps bavarois ;

IIe corps bavarois ;

XXIe corps ;

1er corps bavarois ;

2 divisions de cavalerie.

(Dès le 15 août, un certain nombre de corps de réserve, brigades et divisions de landwehr, s'intercalent entre ces forces.)

La Place de Morhange.

VIIe armée allemande (von Heeringen), armée constituée vers le 15 août ;

XIVe corps ;

XVe corps ;

XIIIe corps ;

1 division de cavalerie.

Armée renforcée plus tard des XIIIe, XIVe et XVe corps de réserve.

Au total, la situation entre les deux adversaires est sensiblement la suivante : 350.000 Français (à peine) contre 500.000 Allemands fortement appuyés par de l'artillerie lourde.

Le plan de l'état-major allemand comporte une offensive de grand style par les deux ailes et surtout par l'aile droite, ayant pour objet l'encerclement de l'armée française. L'offensive par l'aile gauche est confiée aux armées allemandes de Lorraine qui, après avoir reçu le choc des armées françaises sur un terrain soigneusement préparé, passeront à une contre-offensive soudaine en direction de la trouée de Charmes-Neufchâteau. Tandis que l'aile droite allemande accomplit en Belgique son gigantesque mouvement débordant, le commandement français prescrit aux armées de l'Est de rechercher en Lorraine la bataille, toutes forces réunies.

D'un commun effort, ces armées doivent se porter sur Sarrebruck, en se couvrant face à Metz, et rejeter sur le Rhin les forces allemandes opérant dans les Vosges.

Le 13 août, tout est prêt pour l'exécution du mouvement.

L'ordre d'offensive générale est donné pour le 14 août, au matin.

Morhange et le 20ᵉ Corps d'Armée.

L'ordre de bataille initial place le 20ᵉ corps d'armée en face du couloir de Morhange, qui seul, sur cette partie du front, se prête à des opérations militaires (1).

La constitution organique du 20ᵉ corps d'armée est à cette époque la suivante :

2 divisions d'infanterie ;

2 régiments d'infanterie coloniale (41ᵉ et 43ᵉ) ;

1 régiment de cavalerie de corps à six escadrons (5ᵉ hussards) ;

1 régiment d'artillerie de corps (60ᵉ régiment d'artillerie de campagne) ;

les services correspondants.

Le corps d'armée est sous les ordres du général Foch ; la 11ᵉ division d'infanterie, sous les ordres du général Balfourier ; la 39ᵉ division d'infanterie, sous les ordres du général Dautant ; le chef d'état-major est le colonel Duchêne.

Pendant toute la période du 31 juillet au 13 août, période de concentration des armées, le 20ᵉ corps d'armée, renforcé de la 2ᵉ division de cavalerie, de batteries d'artillerie lourde, des douaniers et forestiers de la région, assure la couverture dans le secteur de Basse-Meurthe, en liaison à droite avec le 21ᵉ corps d'armée, à gauche avec le 6ᵉ corps d'armée.

---

(1) Ce couloir n'est autre que la vallée de la Petite-Seille, bordée à l'Est par les hauteurs allant de Bénestroff à Vic, à l'Ouest par la crête que suit la route nationale de Morhange—Baronville—Château-Salins. Entre Dieuze et Sarrebourg, les étangs rendent les opérations militaires très dangereuses. Voyez la carte.

Le 20e corps d'armée retrécit son front au fur et à mesure de l'arrivée :

1o du 15e corps d'armée qui vient à droite se placer entre le 21e et le 20e corps d'armée.

2o du 9e corps d'armée qui vient se placer entre le 6e et le 20e corps d'armée.

Ce laps de temps est employé à la continuation des travaux de campagne. Pendant cette période, également, le corps d'armée pousse ses éléments de couverture progressivement jusqu'à la frontière, le Ministre ayant, en effet, décidé de laisser tout d'abord entre la frontière et la couverture une **zone neutre de 10 kilomètres** pour bien marquer notre ferme volonté de ne pas être l'agresseur.

Cette zone neutre, progressivement diminuée, n'existe plus le 13 août, date à laquelle nos détachements bordent la frontière, en contact avec les détachements ennemis.

Nous n'étudierons pas ici les opérations de la couverture au cours desquelles le 20e corps d'armée montre qu'il mérite la confiance qu'on lui avait accordée en temps de paix.

Nous passerons immédiatement à la bataille de Morhange, dont les opérations constituent dans l'ensemble :

1o L'offensive française (14-19 août) ;

Marche d'approche avec combats d'avant-garde. Prise de contact des armées ;

2o Le choc de nos armées contre les positions ennemies, la contre-offensive allemande (20 août).

3o La retraite et le rétablissement français sur de nouvelles positions (21-23 août).

Pour porter les armées au contact de l'ennemi, des opérations préliminaires étaient nécessaires.

L'église paroissiale de Morhange (XVᵉ siècle).

Au-dessus de l'ogive d'une des fenêtres de la nef sud, un obus a transpercé, sans autre dommage, l'église, dans la journée du 20 août.

Celles-ci devaient avoir pour but de refouler jusque sur les gros, les éléments avancés de l'ennemi (avant-garde et détachements divers).

Les opérations préliminaires sont déclanchées le 14 août.

Pour permettre aux 15e et 16e corps, en partant du front Einville-Fraimbois, de se porter sur Lagarde et Avricourt en longeant par le nord et par le sud la forêt de Parroy, il y a lieu de s'emparer des crêtes de Juvelize et de Donnelay, qui commandent la Seille de Vic à Dieuze et le chemin de fer d'Avricourt à Dieuze.

Si l'on tient cette position, la manœuvre offensive pourra s'opérer sur la droite.

Le 20e corps d'armée doit appuyer cette offensive en attaquant les hauteurs de Donnelay-Juvelize, en liaison à droite avec le 15e corps d'armée.

Le 14 août, en fin de journée, nous sommes à Moncel, nous tenons les lisières nord de la forêt de Bezange—bois Saint-Piamont.

Nos fantassins ont été admirables ; notre 75 s'est révélé le canon merveilleux qu'il a toujours été pendant toute la guerre. La joie est dans tous les cœurs à la pensée qu'on va bientôt fouler la terre lorraine, perdue depuis 44 ans.

Les 15, 16 et 17 août, l'offensive est continuée. Le 20e corps d'armée occupe la Seille depuis les hauteurs de Marsal jusqu'à Chambrey.

Le 5e hussards est porté sur Moyenvic et Morville, et entre peu après dans Château-Salins évacué.

La 39e division d'infanterie entre à Vic et Moyenvic, et pousse deux compagnies à Château-Salins et deux compagnies à Morville-lès-Vic.

18 août. L'ennemi a ses éléments d'arrière-garde

sur le front : Château-Voué—Obreck—Crête nord de Hampont—Gerbécourt— saillant sud de la forêt de Château-Salins. Il garde un contact étroit.

La mission du 20e est d'assurer la possession de la Seille, de Marsal à Chambrey et du bois de la Géline.

C'est de cette région que le corps d'armée doit partir le lendemain, 19 août, au matin, avec la mission d'occuper le front Morhange—signal de Baronville—signal de Marthil ; soit, à vol d'oiseau, une profondeur moyenne de 25 à 30 kilomètres à parcourir, en se battant peut-être.

Les avant-gardes du corps d'armée doivent franchir, à 8 heures, la ligne :

Lisière nord du bois de la Géline—Morville-lès-Vic—Château-Salins—Coutures ;

Zone d'action, limitée à gauche par la ligne Gremecey—Fresnes-en-Saulnois—lisière ouest de la forêt de Château-Salins—Château-Bréhain—Brulange—Mainvillers ; à droite, par la forêt de Bride.

Dispositif du corps d'armée : 39e à gauche, 11e division d'infanterie à droite.

La limite entre les deux divisions est sensiblement la ligne Hampont (11e division) — Burlioncourt (39e division) — signal de Baronville (11e division).

MISSION DES DIVISIONS.

a) 11e division (22e brigade) :

La 11e division (22e brigade), partant de la région Moyenvic—Harraucourt, marchera par Hampont sur Château-Voué et Riche, et sur Obreck—Haboudange, pour occuper le front Morhange—signal de Baronville ;

La 21e brigade (réserve du 20e corps d'armée) se portera par Marsal (26e) et Moyenvic (69e), à la clairière entre le bois de la Géline et la forêt de Bride (2 kilomètres sud d'Hampont (26e), et Morville-lès-Vic (69e et T. C. de la 21e brigade) ;

La tête du 26e passera la Seille à 9 heures, celles du 69e à Moyenvic, à 9 heures 30.

b) 39e division :

La 39e division, disposant de toutes ses forces, se portera en deux colonnes sur Baronville et Marthil, pour occuper en fin de progression le front: Baronville—signal de Marthil.

Elle doit s'assurer par sa gauche la possession de la forêt de Château-Salins et installer un point d'appui au saillant nord de cette forêt dans la région de Château-Bréhain.

Itinéraires :

1o Colonne principale (78e bataillon des 156e et 160e régiments d'infanterie). Axe de marche : Morville-lès-Vic—La Gaieté champêtre—Puttigny—Vannecourt—Dalhain—Bellange—Achain.

Le 160e régiment d'infanterie forme l'avant-garde et dispose à cet effet d'un peloton du 5e hussards.

Suivront sur le même itinéraire, avec mission d'appuyer la progression, deux groupes du 39e régiment d'artillerie de campagne.

2o Colonne secondaire (153e régiment d'infanterie, 1re batterie du 39e régiment d'artillerie de campagne, 1 peloton du 5e hussards). Axe de marche : Arracourt — Vic — Château-Salins et au delà — la grand'-route de Château-Salins à Baronville.

3o Détachement W. Les 146e régiment d'infanterie, 43e régiment d'infanterie coloniale, 1 groupe du 39e régiment d'artillerie de campagne, le 5e hussards ont pour mission de couvrir la gauche du corps d'armée, à l'ouest de la forêt de Château-Salins.

Le gazomètre de Morhange, éventré dès le commencement du bombardement par un obus français.

Les opérations prévues pour la journée du 15 août se déroulent normalement.

39ᵉ DIVISION.

a) Détachement W. Précédé par le 5ᵉ hussards et partant de la région de Château-Salins, le détachement gagne par la grand'route de Delme et la forêt de Château-Salins la région de Fresnes-en-Saulnois—Oriocourt—Laneuveville-en-Saulnois, puis, continuant sa mission de flanquement, se porte vers le nord dans la région de Fremery—Oron—Chicourt, qu'elle atteint dans l'après-midi, vers 18 heures.

La progression s'est effectuée facilement. Les éléments de l'ennemi, restés en contact, se sont répliés au fur et à mesure de notre avance. Quelques coups de fusil sont échangés, notamment aux lisières des bois et des villages. des patrouilles de cavalerie française recherchent l'abordage de celles de l'ennemi, mais il ressort nettement de l'attitude prise par celui-ci qu'il ne cherche pas à s'opposer à notre avance dans cette région.

La nuit du 19 au 20 est calme ; les troupes cantonnent, couvertes à faible distance par des avant-postes.

b) Colonne secondaire : 1 peloton ; 1 batterie : 153ᵉ régiment d'infanterie.

Le 153ᵉ quitte Arracourt le 19 au matin, passe à Vic où il défile devant la statue Jeanne d'Arc, se porte ensuite par Château-Salins sur le signal de Marthil.

Au nord de Gerbécourt, les patrouilles de cavalerie reçoivent quelques coups de fusil des lisières de la forêt de Château-Salins. La progression devient alors pénible, notamment à partir de Vaxy, l'ennemi

Vue d'un intérieur de Morhange bouleversé par un obus.

ayant mis son artillerie lourde en action sur les éléments de la colonne. Vers 16 ou 17 heures, le 2ᵉ bataillon d'avant-garde est accroché à 400 mètres au delà du signal de Marthil.

c) Colonne principale. A l'heure prescrite (8 h.), les éléments de l'avant-garde (160ᵉ régiment d'infanterie) passent à la Gaité champêtre, couverts à grande distance par un peloton de cavalerie.

Avant d'arriver à Dalhain, le 160ᵉ ne rencontre aucune résistance dans sa progression, mais doit prendre au delà le dispositif de combat, l'ennemi ayant, comme sur la colonne de gauche, déclanché son artillerie.

Le 1ᵉʳ bataillon atteint et traverse le village d'Achain et se porte dans la direction de la croupe située au nord de la route Rode—signal de Marthil (environ 800 mètres, nord d'Achain).

Deux compagnies sont en ligne.

Le 3ᵉ bataillon prolonge à gauche le 1ᵉʳ bataillon.

Le 2ᵉ bataillon est maintenu en réserve à Achain.

Dans l'après-midi (vers 16 heures), deux sections du 2ᵉ bataillon sont à Rode et occupent le village.

La nuit se passe dans cette situation ; quelques coups de fusil sont échangés aux avant-postes et les projecteurs de l'ennemi fonctionnent continuellement.

Le 156ᵉ régiment (réserve) cantonne à Bellange avec les formations sanitaires.

11ᵉ DIVISION

a) 37ᵉ régiment d'infanterie et 4ᵉ bataillon de chasseurs.

Précédé du 4ᵉ bataillon de chasseurs, qui occupera en fin de journée le village de Pévange, le 37ᵉ régiment d'infanterie atteint Château-Voué à midi et

reçoit l'ordre de se porter sur le front Haboudange—
Metzing—cote 238 (est de Riche) et Conthil.

Les 1re et 3e compagnies attaquent Conthil vers 16
heures et l'enlèvent, faisant preuve d'un élan remar-
quable.

Pendant ce temps, la 3e compagnie, soutenue par
le 3e bataillon, marche sur Riche dont elle atteint

Une maison de la rue de l'Eglise à Morhange après le bombardement.

les lisières malgré les feux violents de l'ennemi. Sur
tout le front, l'ennemi a cédé devant la vigueur de
nos attaques.

b) 79e régiment d'infanterie.

Par Hampont—Château-Voué et Wuisse, le 79e régiment d'infanterie se porte dans la direction de
Lidrezing et refoule, chemin faisant, des partis ennemis qui s'étaient emparé des lisières nord du bois de

Bride, de la Tuilerie et de la ferme du Haut de Kœking, mais ne peut enlever la cote 343 qui domine toute la région.

La progression est appuyée par un groupe du 8e régiment d'artillerie de campagne qui, placé vers la Tuilerie, peut, sur les indications d'un sergent monté dans une des cheminées de la Tuilerie, agir efficacement sur les groupes ennemis qui se retranchent vers la cote 343.

Du terrain est gagné vers Lidrezing et Zarbeling, villages qui sont enlevés et occupés par nous à 21 heures. Le bataillon s'empare des formations sanitaires abandonnées par l'ennemi qui vient d'évacuer ces villages.

Sur l'ensemble du front de la 11e division d'infanterie, la nuit n'est pas aussi calme que sur celui de la 39e division d'infanterie.

Bien que les éléments avancés se soient repliés sur les villages occupés, laissant des fractions de piquet aux issues, l'ennemi a été nerveux et a cherché à reprendre les villages et le terrain d'où il a été chassé au cours du 19.

A 0 heure, une violente attaque se déclanche sur la cote 343—Lidrezing et Conthil sans réussir à nous entamer.

En raison des combats livrés et de la largeur du front, les troupes réservées ont été en partie dépensées. Le 1er bataillon du 26e régiment d'infanterie a été engagé au sud de Conthil et reste la nuit sur la position.

Les deux autres bataillons du régiment vont cantonner à Hampont.

Front atteint le 19 au soir (1)

En résumé, le front atteint le soir du 19 par les éléments avancés du corps d'armée passe par les points suivants (de la gauche à la droite) :

Frémery — Chicourt — Villers-aux-Oies — signal de Marthil—Rode—Pévange—Metzing — Conthil — Zarbeling—Lidrezing—ferme de Kœking.

On peut dire que la journée du 19 a été dure pour les troupes, en raison de la distance parcourue, de la chaleur et aussi du fait de l'action retardatrice opérée par l'ennemi sur nos têtes de colonnes.

Presque toutes les troupes ont été engagées, toutes ont effectué de longues marches et sont rentrées tar-

---

(1) Pendant que se déroulaient ces opérations avantageuses, les Allemands immigrés de la Nouvelle Ville, peu rassurés pour le lendemain, jugèrent prudent de se mettre en lieu sûr. Ils commencèrent dès 2 heures de l'après-midi un véritable exode vers les villages du Bischvald, tandis que les habitants de Morhange assistèrent en spectateurs à la marche en avant du 20e corps et étaient impatients de voir arriver l'armée française. Du haut des maisons, des toitures et des terrasses élevées, ils admiraient l'élan des colonnes progressant rapidement malgré le feu de l'artillerie ennemie. On entendait répéter la réflexion : « Dans deux heures ils seront à Morhange ». Le spectacle ne manquait pas de grandeur. Le ciel chaud et brûlant d'août se remplissait de petits nuages blancs des shrapnells, les obus se croisaient en l'air au-dessus de la ville. On avait l'impression que l'artillerie française évitait de toucher une maison. Cependant, vers 8 heures du soir, le tir se rapprocha de la ville, les obus éclataient dans les vignes, dans les jardins et dans les rues du Chemin de Ronde et de la Kappellenstrasse, aujourd'hui, rue Président-Poincaré. Le père Cahé, figure bien connue à Morhange, fut tué devant sa porte et son fils gravement blessé ; la femme Julie Gœtz et ses deux enfants furent tuées dans une maison au moment où elles s'apprêtaient à suivre leurs compatriotes dans l'exode du Bischvald. On se mit à réfléchir au danger et à choisir un abri pour la nuit et le lendemain.

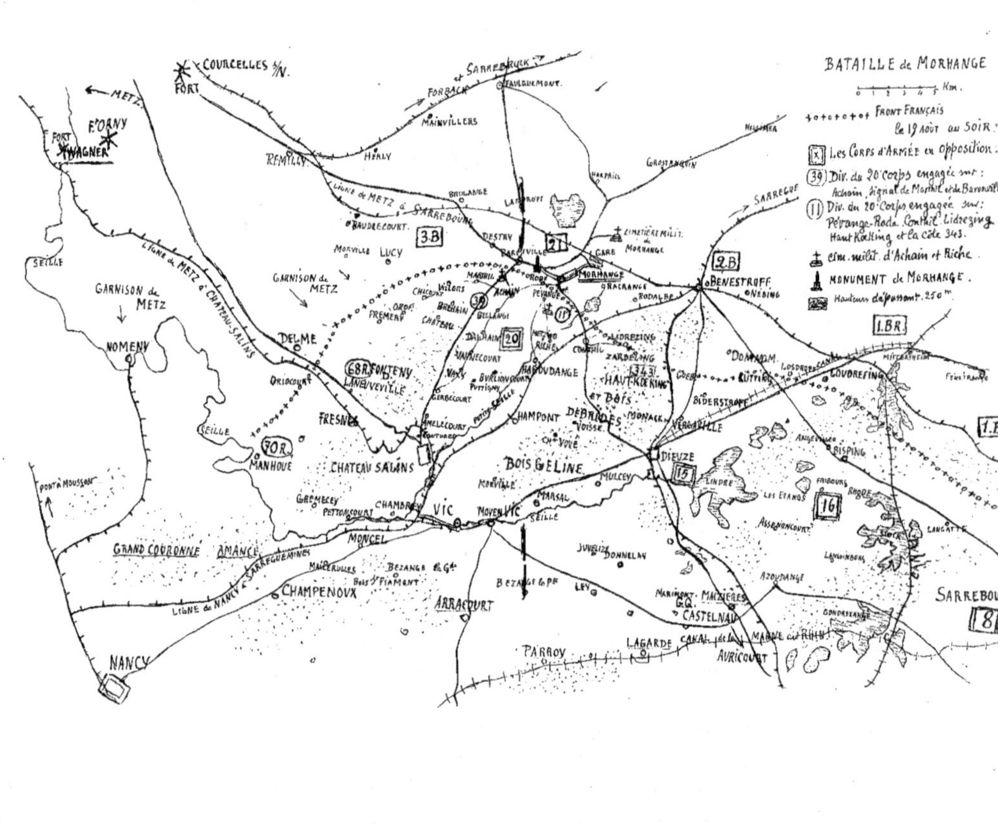

BATAILLE de MORHANGE
Km.
FRONT FRANÇAIS le 19 AOÛT au SOIR
Les Corps d'Armée en Opposition
Div. du 20e Corps engagée sur : Achain, Signal de Morhel et de Baronville
Div. du 20e Corps engagée sur : Pévange-Rodo-Conthil-Lidrezing, Haut Koëlting et la côte 343.
cim. milit. d'Achain et Riche.
MONUMENT de MORHANGE.
Hauteurs dominant. 250 m.
COURCELLES s/N.
FORT
METZ
FORT D'ORNY
FORT WAGNER
SARREBRUCK
FORBACH
STAVIGNEMONT
MAINVILLERS
NELVING
REMILLY
HERLY
GROSTANQUIN
HARPRICH
SAAREGUE
LIGNE de METZ à SARREBOURG
BRULANGE
LANDROFF
BAUDRECOURT
DESTRY
CIMETIÈRE MILIT. de MORHANGE
MORVILLE LUCY
3.B
BARONVILLE
GARE MORHANGE
2.B
SEILLE
GARNISON de METZ
GARNISON de METZ
CHICOURT VILERS
MARTHIL
ACHAIN
ORON
MORHANGE
RACRANGE
BENESTROFF
NEBING
39
PÉVANGE
ORON FREMERY CHATEAU
BRÉHAIN
BELLANGE
RODALBE
NOMENY
DELME
DALHAIM
20
RICHE
11
LIDREZING
ZARDELING
DOMPADM
1.BR
ORIOCOURT
68.B FONTENY LANEUVEVILLE
VAXY
VANNECOURT HABOUDANGE
CONTHIL
343
CUTTING
LOSDRODES
LOUDREFING
FRESNES
GERBECOURT PUTTIGNY
PETIT RICHE
HAUT KOELTING et Bois
GREBIL
BIDERSTROFF
MANHOUE 70.R
MÉLÉCOURT KOUTHERO
CHAMPONT DÉBANDES
VOISSE
MONACK
VERGAVILLE
1.B
CHATEAU SALINS
MORVILLE
Cie VOVÉ
BOIS GELINE
MULCEY
DIEUZE
LINDRE
ANGEVILLER BISPING
PONT-à-MOUSSON
GREMECEY
CHAMBREY
VIC
MOYEN VIC
MAASAL SEILLE
15
16
FRIBOURG LES ETANGS
RORBE LANGATTE
PETTONCOURT
MONCEL
JUVELIZE DONNELAY
ASSENONCOURT
LAVINBERG
GRAND COURONNE AMANCE
MAICERULLES BEZANGE la Gde
BOIS St FIAMENT
AZOUDANGE
CHAMPENOUX
BEZANGE la Pte
LEY
MARIMONT MAIZIÈRES G.Q. CASTELNAU
GONDREXANGE
SARREBOURG
8
ARRACOURT
PARROY
LAGARDE
CANAL de la MARNE au RHIN
AURICOURT
NANCY

divement au cantonnement. Il est à remarquer, en outre, que nous sommes au début de la campagne et que la bataille est commencée depuis le 14 août.

Les troupes auraient besoin de repos. Mais pour celles qui sont engagées comme pour les autres, une surprise les attend.

Bien que se méfiant beaucoup d'un traquenard tendu par l'ennemi, personne parmi les combattants ne prévoit l'ampleur de la contre-offensive ennemie qui, se déclanchant le 20 dès l'aube, nous coûtera si cher et mettra tant d'amertume dans les cœurs, en nous obligeant à abandonner ces chers villages reconquis.

Depuis longtemps l'ennemi a conçu le dessein de rechercher l'avantage dans cette région, dans une contre-offensive préméditée et brutale.

Celle-ci n'a pas été encore possible. Du 15 au 19, il n'y a eu que de simples combats d'avant-garde. Les gros ne sont pas au contact, et ce n'est que le 19, en fin de journée, que ce contact est effectif et suffisant.

L'ennemi prend alors la détermination de nous bousculer le 20 dès l'aube et amène dans la région, pour livrer bataille, toutes les réserves disponibles, en particulier des forces prélevées sur la place de Metz.

Sa ligne de départ pour l'assaut a été choisi par lui depuis longtemps (1). C'est sur celle-ci qu'il nous

____

(1) La manœuvre de la bataille de Morhange, telle qu'elle s'est déroulée par la contre-offensive allemande le 20 août 1914, a été faite le 8 mai 1912 sous le commandement de Guillaume lui-même. Il dirigeait la manœuvre des hauteurs de la Potence, là même où est érigé le monument aux soldats français. L'artillerie y avait pris position exactement comme en 1914. Dès le 1er août

Les obus français de 75 vont déloger le 18e Bavarois, abrité dans les maisons de Morhange.

a attendu, et qu'il nous a arrêtés, profitant même de la protection que lui donnaient les organisations défensives pour mettre du désordre dans nos unités.

DÉTACHEMENT W.

Dès le petit jour, des hauteurs de la cote 241 (1 kilomètre nord de Frémery), on voit, à la jumelle, une masse ennemie de toutes armes en formations serrées marchant sur le plateau, 400 mètres sud de Lucy, en direction du sud.

La masse aperçue peut être évaluée à une division (infanterie avec cavalerie et artillerie). Cette masse se scinde bientôt en deux.

Une fraction continue droit au sud, une autre se dirige vers l'est, dans le bois, et descend sur Chicourt.

Dans ce village, où un bataillon du 146e et des coloniaux ont passé la nuit, règne, à l'aube naissante, le plus grand calme. Mais, tout à coup, des obus pleuvent sur le village, et ce bombardement est suivi d'une fusillade nourrie, qui crépite subitement aux lisières.

Une section de coloniaux, qui fouillait le bois de la cote 327, n'a même pas le temps de rentrer pour prévenir.

Deux compagnies du 146e, dont les hommes préparent le café, sortent du village et se déploient immédiatement.

Les autres compagnies occupent rapidement leurs

---

les Allemands organisèrent la position de Morhange en y pratiquant tout un système de tranchées. Cependant elles n'étaient pas betonnées comme plusieurs l'ont affirmé. La retraite allemande du 15 au 17 août était considérée dans tout le pays comme une manœuvre stratégique. Dès que la concentration des réserves fut jugée suffisante, la contre-offensive fut décidée.

L'église détruite de Dalhain.

positions, tandis que les trains et convois se replient sur la route d'Oron, accompagnés par les obus ennemis.

Les balles ricochent sur les murs des faces nord et nord-est. Le village étant dans une cuvette, est difficile à défendre.

L'ordre est donné de se replier sur Oron, sous les rafales incessantes ; les combattants s'établissent à 500 mètres en arrière, s'accrochent au sol, décidés à tenir coûte que coûte ; leur fusillade brise l'élan des colonnes ennemies et, malgré la pression de l'infanterie et l'action de l'artillerie adverses, l'ordre est de tenir trois heures.

« On tiendra », disent les combattants, et ceux-ci de tirer sans cesse sur la ligne mouvante des Bavarois, qui avancent, reculent, tombent, etc...

De nombreux officiers tombent. Le général W. lui-même est blessé et a son cheval tué sous lui. Un hussard lui offre tranquillement sa monture, sous les obus qui tombent.

Il y a partout des blessés qui saignent sans proférer une plainte.

Au lieu de tenir trois heures, on a tenu six heures, et les débris se retirent par Laneuveville-en-Saulnois et la grand'route de Château-Salins.

Le combat de Chicourt avait coûté environ 1500 hommes.

COLONNE SECONDAIRE

Nous avons laissé les éléments avancés du 153e régiment d'infanterie cramponnés à 400 mètres environ au delà du signal de Marthil.

Tout le régiment a bivouaqué, avec défense absolue d'allumer des feux. Durant toute la nuit, on a

L'église de Lidrezing, fortement endommagée par le bombardement, mais le vieux clocher a résisté.

échangé sans discontinuer des coups de fusil aux avant-postes.

Comme à Frémery et à Chicourt, brusquement, vers 6 heures, une concentration des feux d'artillerie dans la région du signal de Marthil est bientôt suivie d'une fusillade qui crépite ferme.

Sous ce feu, le commandant du 3e bataillon du 153e porte son bataillon, moins la 11e compagnie déjà engagée, vers la crête qui passe par Château-Bréhain et Bréhain (orienté nord-est).

Le bataillon fait nettement face à gauche par rapport à la direction de marche de la veille, la 9e compagnie occupe la crête entre Bréhain et la 11e compagnie, et la 3e section de mitrailleuses entre en action entre Bréhain et la 9e compagnie. La 12e et la 10e compagnie se jettent dans Bréhain avec le commandant.

Il est près de 9 heures, et déjà notre artillerie n'agit plus dans cette région. Nous en verrons la raison tout à l'heure, lorsque nous étudierons la contre-offensive contre la colonne principale.

Des débris du 2e bataillon et de la 11e compagnie refluent, luttant pied à pied. La 9e compagnie est bientôt obligée de suivre le mouvement, puis la section de mitrailleuses, puis les 12e et 10e compagnies.

La lutte se poursuit et, vers midi, le colonel de Grandmaison, un soldat et un chef dans toute l'acception de ces deux termes, sentant toute l'importance de la position des hauteurs du signal de Marthil, avec le 1er bataillon du 153e (sauf la 4e compagnie) et des éléments divers récupérés pendant le combat, monte une contre-attaque dont il prend lui-même le commandement. Des prodiges d'héroïsme sont dé-

Après la bataille, les blessés français gisent dans la cour de la caserne du 17ᵉ, aujourd'hui quartier Pétain, à Morhange.

pensés dans cette action dont l'effet est de ralentir l'avance de plus en plus menaçante de l'ennemi (1).

Les survivants de cette échauffourée se retirent, par la grand'route, sur Amelécourt, suivis par deux bataillons ennemis et quelques pelotons de uhlans.

Amelécourt est aussitôt mis en état de défense. L'ennemi s'arrête en observation à 900 ou 1000 mètres au plus près, et ce n'est que vers 17 ou 18 heures qu'Amelécourt est évacué.

COLONNE PRINCIPALE

Le 160ᵉ régiment d'infanterie, avant-garde de cette colonne le 19, a passé la nuit sur le terrain au nord d'Achain ; deux sections occupent Rode.

Au cours de la nuit, des coups de fusil ont été échangés aux avant-postes, et les mitrailleuses ennemies ont brûlé de nombreuses bandes, ayant leur champ de tir éclairés par des projecteurs.

Comme sur le reste du front, on a entendu des mouvements de trains, des coups de sifflet de locomotive, « un véritable vacarme », disent les témoins.

Mais, brusquement, comme à Chicourt, comme sur le 153ᵉ régiment d'infanterie, seulement un peu plus tard, l'ennemi, après une action brutale d'artillerie, qui détruit ou met hors d'état de fonctionnement les deux groupes du 39ᵉ régiment d'artillerie de campagne en position au nord du signal de Marthil, à cheval sur la grand'route, passe à la contre-offensive et déborde la droite du 160ᵉ régiment d'infanterie.

La mort dans l'âme, le colonel du 160ᵉ donne, vers

---

(1) Exaspéré par cette résistance, les troupes françaises disputant chèrement les positions d'où elles se retirent, l'ennemi détruisit par le canon et l'incendie le village de Dalhain dans la soirée du 20 août.

Blessés français dans la cour de la caserne du 17ᵉ, à Morhange, après la bataille du 20 août.

9 heures, l'ordre de repli et fait évacuer les hauteurs conquises.

Les Allemands s'infiltrent partout sur nos pas, rendent le repli extrêmement pénible.

C'est alors qu'un jeune Saint-Cyrien, arrivé depuis quelques jours au corps, le sous-lieutenant Boisseaux, s'établit dans une maison d'Achain avec une poignée d'hommes et s'y défend avec une énergie farouche. Bientôt cerné, il continue à tirer sur l'ennemi et lui cause de lourdes pertes. Submergés, les survivants du petit groupe sont faits prisonniers.

Les Allemands s'inclinent devant eux et remettent au sous-lieutenant leur sabre en témoignage d'admiration.

Ce qui reste du régiment se retire sur Château-Salins où s'effectue le regroupement des unités et, le 21 au matin, il atteint Bézange.

Il a perdu : 33 officiers, 1800 hommes, qui ont payé de leur sang le baptême du feu.

11e DIVISION.

Cette division a engagé :

sur Pévange	le 4e bataillon de chasseurs.	
» Metzing. . . .	le 37e régiment d'infanterie.	
» Riche	1 bataillon du 26e rég. d'inf.	
» Conthil. . . .		
» Zarbeling . . .		
» Lidrezing		
» Ferme du haut de Kœking	le 79e régiment d'infanterie.	
» Cote 343 (nord de la forêt Bride) .		

Sur cette partie du front, l'ennemi a été extrêmement nerveux et a cherché par surprise, au cours

Les dames et les filles de Morhange prodiguent des secours aux blessés français.

de la nuit, à reprendre les villages qui lui ont été enlevés la veille.

Aussi, dès 4 heures du matin, le combat reprend avec une intensité particulière ; l'ennemi, après avoir mis son artillerie lourde en action, attaque en force.

Le 4e bataillon de chasseurs à pied, engagé sur Pévange et pentes nord-est et est, est violemment attaqué, mais résiste magnifiquement jusqu'à une heure très avancée dans la matinée (1).

La 1re compagnie, engagée en tête la veille, sert d'arrière-garde au moment du repli. Sous l'énergique impulsion de son chef, cette unité lutte désespérément, malgré les vides qui se produisent dans ses rangs ; les cartouches des blessés et des tués sont ramassées et tirées sur l'ennemi.

De cette compagnie, sur 280 hommes partis, 80 seulement reviendront.

Le 3e bataillon du 37e régiment d'infanterie et les

(1) Durant toute la nuit du 19 au 20 août, on entend à Morhange manœuvrer les trains amenant le matériel de guerre de Metz. Sur le coup de minuit, le « Jägerbataillon » et les 17e et 18e régiments bavarois de réserve entrent dans Morhange et prennent position autour de l'église et dans les rues avoisinantes. Le matin, à la reprise du combat, il semble que l'artillerie française repère les troupes bavaroises dissimulées dans la ville. Bientôt elle est prise sous le feu des 75 et de l'artillerie lourde en position devant Vannecourt. Les habitants vont s'abriter dans les caves, les victimes de la veille les ayant rendus plus prudents. L'église Saint-Pierre est trouée au sud par un obus de 75. Le café Paul L'huillier et la maison Eugène Lieugant reçoivent les pains de sucre que leur envoie la batterie de Vannecourt. Le gazomètre, la demeure du directeur du gaz, ainsi que plusieurs maisons de la rue de l'Église et de la route de Baronville sont en partie ou totalement démolis. Les balles Lebel viennent s'aplatir contre les maisons et les murs des jardins au sud de Morhange.

deux compagnies qui tiennent la crète à l'est de Pévange, éprouvent de grosses pertes, mais n'en résistent pas moins sur place.

Un ordre de repli leur est bientôt donné, et la rupture du combat s'effectue sous la protection des compagnies installées dans Metzing et dans Riche, qui se replieront à leur tour, la retraite du 20e corps d'armée étant ordonnée par l'armée.

Pendant ce temps, l'ennemi attaque Conthil, où la 1re compagnie se couvre de gloire. Son chef s'est enfermé dans une maison appelée le Château et, avec une poignée d'hommes, il tiendra en respect des forces considérables jusqu'à 2 heures de l'aprèsmidi ; et lorsque l'ennemi pénètre dans le Château, il n'y trouve que quelques survivants blessés ; le capitaine de Fabry est au nombre des morts.

Les pertes du 37e régiment d'infanterie s'élèvent à: 27 officiers, 800 hommes.

A 12 h. 30 parvient au régiment l'ordre de repli. Le mouvement commence vers 16 heures, sans être inquiété par l'ennemi, qui a été arrêté par l'énergique résistance de Riche et de Conthil. A 23 heures, le régiment s'établit au bivouac au nord d'Arracourt.

Les attaques ennemies sur le 37e régiment d'infanterie se sont étendues sur le front du 79e, et, vers 5 heures, Zarbeling et Lidrezing sont enveloppés. Le combat est extrèmement acharné contre un ennemi très supérieur en nombre.

Le bataillon Cramon ne peut se dégager, et son chef est tué en dirigeant la défense.

Plus à l'est, vers la cote 343, l'ennemi progresse et menace la droite du corps d'armée.

Pour la dégager, deux bataillons du 69e régiment d'infanterie reçoivent l'ordre d'attaquer la cote 343.

d'où le 79ᵉ régiment d'infanterie n'a pu déboucher la veille.

Après une préparation d'artillerie sommaire, les 5ᵉ, 6ᵉ et 7ᵉ compagnies débouchent du bois comme à la manœuvre, mais à peine en terrain découvert, elles sont reçues par un terrible feu d'infanterie et de mitrailleuses et par des rafales de 77 et de 105.

Tout mouvement en avant est impossible, le 1ᵉʳ bataillon, qui suit, est engagé à sa droite ; son chef, le commandant Second, est tué le premier. Bientôt de nombreux officiers et hommes de troupe tombent à leur tour. Les pertes sont rapidement très élevées et la position devient intenable.

L'ordre de repli du 20ᵉ corps d'armée parvient sur ces instances (vers 14 heures). Ceux qui peuvent rompre le combat se retirent par Hampont, sur le bois de la Géline déjà tenu par le 3ᵉ bataillon du régiment.

Les pertes subies au cours de l'attaque de la côte 343 sont lourdes, aussi bien en officiers qu'en hommes de troupe.

Les blessés ne peuvent être ramenés et sont abandonnés sur le terrain et faits prisonniers (1).

---

(1) Ces blessés furent évacués la plupart sur Morhange et les lazarets de campagne des environs. Bientôt les casernes, l'hôpital militaire et les ambulances provisoires privées en furent remplis. L'espoir de la soirée du 19 de recevoir les Français libérateurs s'était évanoui. Pour témoigner leur amour pour la France, il ne restait aux Lorrains, restés Français de cœur, que la possibilité de soulager ces pauvres blessés, malgré la défense des Allemands. Les habitants de Morhange ont fait largement leur devoir. Les dames et les jeunes filles, en particulier, firent, à cette occasion, preuve d'un grand dévouement et surtout de beaucoup d'ingéniosité pour approcher les blessés français et leur procurer des rafraîchissements. Elles travaillèrent sans se

L'entrée des Français à Morhange, le 18 novembre 1918 ; Général Passaga, 32ᵉ C. A., 77ᵉ B. I.

Il convient de signaler qu'au cours de cette journée, un bataillon du 26e (commandant Perrenot), lancé par la route de faîte de la forêt de Kœking et le ruisseau de Bride à la recherche du 15e corps d'armée qui se retire rapidement vers le bois de Monacker, s'empare d'une partie des équipages du 137e régiment d'infanterie allemande, d'une section de mitrailleuses et d'une compagnie entière du même régiment.

Les 8e et 60e régiments d'artillerie de campagne, qui ont pu se replier sans perdre du matériel, protègent efficacement la retraite du corps d'armée.

Tels sont, sommairement développés, les héroïques combats de la grande bataille de Morhange.

Environ 4.000 officiers et hommes de troupe sont glorieusement tombés les 19 et 20 août. Tous ont dormi ou dorment encore leur dernier sommeil dans les différents cimetières de cette région désormais sacrée pour le 20e corps d'armée.

Grâce à leur sacrifice, le général commandant en chef peut, sur la Marne, arrêter l'ennemi, et, le saisissant violemment à la gorge, le repousser sur une profondeur de près de 100 kilomètres.

Le sacrifice portait ainsi en lui le germe de la Grande Victoire.

Cet exposé, précis et sobre, nous révèle toute la grandeur du sacrifice des ouvriers de la Victoire au début de la guerre. N'oublions pas ces héros de la

---

lasser durant huit jours jusqu'à l'arrivée du personnel sanitaire allemand. A partir de ce moment, elles ne réussirent plus à pénétrer dans les casernes.

première heure ! Aujourd'hui encore, les officiers du 156e de Morhange parlent avec enthousiasme de ces troupes du 20e corps en 1914. « On pouvait les mener où l'on voulait, ils ne reculaient devant rien. » La Lorraine leur doit l'admiration et la reconnaissance au même titre qu'aux héros malheureux de Mars-la-Tour et de Noisseville, au même titre qu'aux vainqueurs de l'Yser, de Verdun et de la Marne, au même titre qu'aux glorieuses troupes que nous avons reçues avec délire dans nos villes le 18 novembre 1918. Et si Morhange a partagé avec Verdun le rare honneur de donner son nom à la première bataille de la grande guerre, il lui appartient d'honorer d'une manière spéciale la mémoire des soldats tués devant ses murs pour notre délivrance, les 19 et 20 août 1914. Dans ce but, le Maire et la ville de Morhange ont pris l'initiative de constituer un Comité d'honneur, présidé par M. le maréchal Foch, en vue d'ériger un monument à la gloire des soldats tombés à la bataille de Morhange. Les frais d'érection de ce monument seront couverts en partie par la ville et en partie par souscriptions, qui peuvent être adressées soit à M. le Maire de Morhange, président du Comité d'action, soit à M. l'archiprêtre Brech, membre du Comité d'action, ou à M. Binnert, trésorier du Comité d'action à Morhange. Grâce à l'activité du Comité local, l'œuvre a pu être menée rapidement à bonne fin et le monument, une simple pyramide de dix mètres de hauteur en granit des Vosges, pourra être inauguré au jour anniversaire de la bataille, le 20 août 1921.

Le monument est placé sur l'un des points saillants de la côte de la Potence (322), derrière laquelle se trouvait la position formidable de l'artillerie allemande et d'où le regard embrasse dans son ensemble et dans ses détails tout le champ de bataille de Morhange jusqu'à Vic et le Grand-Couronné. De cet endroit, l'œil peut suivre exactement la marche des troupes avançant sur Morhange en trois colonnes pour atteindre, le 19 au soir, du côté sud-est, le bois de Bride, Conthil et Lidrezing ; au centre : Riche, Pévange et Rode, et à l'ouest, sur les crêtes de la grand'route : Achain, le signal de Marthil et de Baronville.

Sur un livre d'or, déposé à la Mairie de Morhange, seront inscrits les noms des 4.000 héros, identifiés ou non, tombés à la bataille de Morhange et dont le monument perpétuera le souvenir aux yeux des générations à venir.

Un service religieux est célébré tous les ans à Morhange le jour anniversaire de la bataille, le 20 août, afin de donner aux familles la suprême consolation que leurs fils sont associés comme nos enfants de la Lorraine dans le souvenir de la prière.

IMPRIMERIE LORRAINE, METZ, RUE DES CLERCS, 11.